JN408974

내 고향
산수유골에서

노성형 시집

내 고향 산수유골에서

06년 정부 주관 "살기 좋은 아름다운 지역 사회 만들기"선발 대상 수상 마을

도서출판 천우

● 시인의 말

아무도 찾아오지 않는 산골동네
산 넘고 물 건너 꾸불꾸불 고갯길
숨 가쁘게 한참을 걸어 들어가는 동네
기차 구경 버스 구경 못 해보고
계곡 · 밭둑 · 논둑 따라 소달구지
몰고 살아가는 동네
읍내에 나가기도 들어오기도 힘든 동네
300 ~ 400년 수령 산수유나무 꽃이
만개(滿開)하던 동네, 어느 날 산수유 꽃이
세상에 소개되면서 널리 알려진 동네
드디어 2006년 정부 주관 "살기 좋은 아름다운 지역 사회 만들기"
선발에서 "대상"을 수상하면서 그 진가를 발휘하게 된 마을
봄이면 개나리… 진달래꽃이 만개하고
가을이면 산수유… 감들이 붉게 물들던 곳
나의 詩 대부분은 어릴 적부터 자라온
아름다운 이 마을을 배경(표지사진)으로 지어졌습니다

2011년 3월

1부

꿈에 본 내 고향

● 시인의 말

내 고향 산수유골에서 / 13
새 아침 / 14
복숭아꽃 / 15
옥수수 밭 / 16
전풍이의 봄날 / 17
은하수 / 18
벌초 / 19
한가위 / 20
둥근달 / 21
들국화 / 22
시골 김장 / 23
보리밭 / 24
화강정(禾岡亭) / 25
섣달그믐 / 26
애림녹화(愛林綠花) / 27
감나무 집 / 28

2부

조국이여 영원하라

불타는 연평도 / 31
대~한민국 / 32
그는 조국이 부를 때 머뭇거리지 않았다 / 34
탁구! 중원대륙 정복하던 날 / 36
화랑의 후예들이여… / 38
동해바다 수호신 벌떡 일어나겠소 / 39
남이섬(南怡島) / 40
연아~ / 41
아름다운 미소 / 42
어허! 저럴 수가 / 43
일하자 / 44
도감포 / 45
도대체 저들은 누구인가? / 46
새 역사의 기운이 꿈틀댄다 / 48
호국 영령들이여 고이고이 잠드소서 / 50
가르침 / 51
검은 재앙 / 52
남북 정상 / 54
장하다 대한의 아들딸들이여… / 56
무궁화 / 58
고속도로 / 59
자욱한 안개 / 60
눈 덮인 철의 삼각지대 / 62
딴 세상 사람들 / 63
누가 이 땅을 좁다고 말하였던가 / 64

3부

금수강산이여

봄이 오네 / 67
한려미항 통영 / 68
호미곶(虎尾串) / 70
남원 춘향골 / 71
아 ~ 아 보타락가산(낙산사)이여… / 72
한강(漢江) / 73
계곡물에 발 담그고 / 74
청풍명월 / 75
우리 동네 꽃동네 / 76
영월 선돌[立石] / 77
심포항 / 78
꽃피는 자운대(紫雲臺) / 79
새싹 / 80
외도(外島) / 81
여수항 / 82
구름도 자고 가는 고개 / 83
금강 / 84
아 ~ 아 환선굴 / 85
알밤[栗] / 86
지리산 / 87

봄 · 여름 · 가을… / 88
녹혈(鹿血)을 뿜어내는구나 / 89
새도 날아서 넘기 힘든 고개 / 90
삼천포 항 / 91
녹음방초(綠陰芳草) / 92
서울 신촌의 여름 / 93
하염없이 비가 내린다 / 94
낭만의 부산항이여 / 95
무릉계곡 적송(赤松) / 96

4부

가슴 깊이 새기면서

대나무 / 99
아버님 어머님 전에 / 100
한탄강 천렵(川獵) / 102
붙들이 누님 / 104
손자 / 106
천하절경 장가계(張家界) / 107
끝없는 들판 / 108
성난 파도 / 109
인생 승리 / 110
웃음 / 111
불무리 맹호 연대장님 / 112
적오 한마음 축제 / 114
불무리 맹호 전우 / 116
허무 / 118
큰 머슴 / 119

1부

꿈에 본 내 고향

내 고향 산수유골에서

온 동네가 노랗구나
밭둑 논둑 계곡 산등성이
모두 모두 노란 천지구나
엄동설한 눈보라 이겨내고
뭇 꽃들보다 일찍 피어 온 세상을
노랗게 물들고 있구나

개나리 진달래가
사이사이에서 흥을 돋우고
새소리 물소리가 장단을 맞추는구나
복숭아꽃 살구꽃은 화사하고 아름답게
자태를 뽐내지만 비바람 찬이슬에
약하여 일찍 스러지는데

산수유는 지지 않고 고상하고 지조 있게
오래오래 피어 향기를 내뿜는구나
내 마음 도취되어 앞산에 올라앉으니
무릉도원 신천지가 바로 여기로구나

2004. 4. 5. 산수유골 아버님, 어머님 산소에서(최초 지은 시)

새 아침

동녘 하늘 뜨는 해
서쪽 들녘 지는 달
붉게 물든 조산(祖山) 나열
새아침이 밝았구나

앞뜰 산수유나무
뒤뜰 매화나무
망울망울 꽃몽오리
바삭바삭 움트는 소리

산까치 떼 요란 법석
뜨는 해 반기듯 기기 묘묘 뽐내네
은빛 창공 흰 구름 저 멀리 비켜서니
금수강산 아침나라 새 희망으로 넘치는 구나

복숭아꽃

시냇물 졸졸졸 버들가지 파릇파릇
산자락 언덕배기 복숭아꽃 만발하네
연분홍 고운자태 연지곤지 새색시 얼굴
그윽한 꽃향기 벌 · 나비 유혹하네

어디선가 날아오는 훈훈한 봄바람
풀 내음 흙 내음 어우러져 불어오네
내 마음 두둥실 고향 어귀 다다르니
오만 번뇌 지친 마음 눈 녹듯 사라지네

옥수수 밭

기이한 풀이로다 생동감 넘치는구나
이 풀은 어찌하여 비바람 몰아치고
태양이 이글거리는 한여름 뙤약볕에
저리도 기세등등 높이높이 자랄까
너풀너풀 잎사귀 드넓은 옥수수 밭
무더위 지친 심신 새 의욕 솟아나네

야릇한 수염 달고 삐죽삐죽 올라오더니
하루가 다르게 휘영청 젖혀지네
깊어가는 여름밤 옥수수 감자 함께 삶으니
무럭무럭 김 냄새 입안에 군침 가득
우리 각시 한참에 대여섯 개 해치우니
모두들 깜짝 놀라 너털웃음 웃고 마네

전풍이의 봄날

봄바람 꽃바람 내 볼을 스치면
두고 온 고향 산천 눈앞에 아른거리네
앞산 산수유, 뒷동산 진달래
벌, 나비 손짓하며 향기 가득 넘쳐나고

뒷집 순섭이 앞집 재화 형님
지게 목발 두드리며 콧노래 흥얼댈 때
분선이 복선이 나물 바구니 옆에 끼고
치맛자락 나풀대며 달래, 냉이 캐러 가네
이 골 저 골 밭갈이 논갈이 이랴 — 이랴
워 — 워 이놈의 소가! 장단 맞춰 울려 퍼지고

저녁노을 뉘엿뉘엿 서산에 물들면
마을 어른 낚시길 동동주 얼큰 취해
대금애들 왁자지껄 노래하며 춤추네
손자며느리 달음질쳐 낚시, 망태 받아드니
삶의 보람 너털웃음 온 동네 활기 넘치네
아 — 아 그 시절 그 풍경 언제 다시 보려나

은하수

와 ~ 하! 은하수로구나
지금도 은하수가 있다니
타향살이 설움 속에 그림자도 없더니
반짝이는 보석처럼 찬란한 은물결
푸른 하늘 수놓으며 남과 북 이어 주니
신비함 경이로움 가눌 길 없구나
어린 시절 밤마다 고향 산천 빛내더니
40여 년 흘렀건만 황홀함 변함없네
아 ~ 아 신토불이의 소중함이여…

벌초

령(嶺)을 넘고 계곡 건너 산등성이 올라갈 때
칡넝쿨 딸기넝쿨 발목에 휘감기니
뒤로 휘청, 앞으로 휘청 온몸 땀에 젖네
금방이라도 '뱀' '말벌' 덤벼들 것 같구나
머리끝이 주뼛주뼛 등줄기가 오싹오싹
조상님들 누워 계시는 곳 험하기도 하여라

푸른 하늘 맑은 공기 가슴 한번 크게 펴고
형님, 아우 어우러져 풀 베고 가지 치니
넓디넓은 산소 언덕 어느새 말끔 단장
밀짚모자 벗어들고 일한 보람 만끽하며
상석(床石) 위 제주(祭酒) 따르고 엎드려 절하니
마음속 간직한 뜻 모두 모두 성취된 듯…

한가위

앞산에 휘영청 뜬 달 유난히 밝은 달
은은하고 청아하게 온천지 비추이네
60평생 맞이해도 이리도 설렐까
하늘은 높고 오곡백과 무르익으니
온 들판 황금 물결 풍요로움 넘쳐나네

흩어졌던 형제자매 한자리 모여 앉아
지난 추억 들먹이며 웃음꽃 만발하니
어머니 신바람 나서 굽은 허리 펼 틈 없네
손자 · 며느리 돌담 끼고 숨바꼭질 분주할 때
바둑이 덩달아 이리 뛰고 저리 뛰니
온 동네 들석들석 한가위만 같아라

둥근달

앞동산 살며시 수줍은 듯 미소 머금고
온천지 밝히며 옛 추억 되새기네
백옥같이 둥근달 중천에 걸리면
백년가약 맹세하며 손가락 걸었지
울 엄마 정성스레 정화수 떠다 놓고
자식 농사 잘되라고 두 손 모아 빌어주니
달님도 감동되어 너울너울 미소 짓네

들국화

산자락에
개울가에
호젓한 길가에서
찬 서리 비바람 아랑곳없이
함초롬히 고개 들고 방긋이 미소 짓네

보일 듯 말듯
흐르는 연기처럼
온 사방 스며들며
향기 그윽 넘쳐나니
스산한 바람 우수수 나뭇잎
태산이 무너지듯 절망감 밀려와도
너의 모습 바라보며 열두 고개 넘어 가련다

시골 김장

가을걷이 끝날 즈음
높은 하늘 바라보며
여유로움 넘쳐 날 때
감, 산수유 붉게 물들고
마을 앞 개울가 낙엽으로 뒤덮이네

온 식구 덤벼들어
배추 씻고 무 다듬으니
어느새 뒤뜰 김칫독 겨울 양식 그득 하네

이웃 친지 오순도순 겉절이 안주 삼아
힘든 일 뒤돌아보며 동동주 한 사발 걸치니
동지섣달 기나긴 밤 북풍 한파 몰아쳐도
불안 두려움 사라지고 따스함 넘쳐나네
우리 집 김장 날은 온 동네 잔칫날일세

보리밭

아침이슬 머금고 성큼성큼 자라네
진녹색 푸른 들판 가슴 깊이 씻어주고
한들한들 봄바람 출렁이는 보리밭
싱그러운 흙 내음 구수한 거름 향기
밭이랑 사이사이 속삭이듯 정담 오가니
여기가 고향이던가 포근한 엄마 품이던가
하늘 위 뭉게구름 시샘하듯 흘러가네

화강정(禾岡亭)

금성산 동편 따라 길게 뻗어 북서풍 막아주고
넉두산 서편 따라 아담하게 자리 잡은 곳
금성산 왕수(王水), 넉두산 비수(妃水), 합수되어 흐르는 곳

봄이면 산수유 향 온 동네 진동하고
여름이면 풀냄새 흙냄새 신선함 더해주니
가을이면 감, 산수유, 황금빛 들녘
온 동네 붉게 물들며 풍요로움 넘쳐나네

하늘 치솟는 저 '기(氣)' 어디서 나온 '기(氣)' 냐
화강정(禾岡亭)의 가르침이냐? 천지(天地)의 계시인가
불의(不意) 앞에 용맹하고 대의(大義) 위해 목숨 바치니
근동주민 감탄하고 뒤로 한발 물러서네

팔도사람 접해보고 여기저기 둘러봐도
용솟음치는 전풍이 기상 이길 자 있으랴
만주벌판 호령하던 광개토대왕 후예인가
삼국통일 위업 이룬 화랑의 후예인가
그 기백 간직하여 길이길이 이어 나가세

* 화강정(禾岡亭) : 내 고향 전풍이에 있는 서당(書堂).

섣달그믐

웡 ~ 웡 바람소리 온 산천 얼어붙고
태양빛도 흐늘흐늘 따스함 사라지네
어둠이 깊어지는 섣달그믐 기나긴 밤
달빛도 사라지고 적막함 가득하네
잠들면 눈썹 쉰다는 허망한 전설 믿고
열두 달 깔딱 고개 힘겹게 넘어갈 때
떡, 조청, 감… 설 먹거리 펼쳐놓고
도란도란 모여앉아 지난 시름 달래니
어디선가 후–다–닥 새벽닭이 우는구나
먼동이 트는구나 새 아침이 밝았구나

애림녹화(愛林綠花)

어릴 적 뛰어놀던 벌거숭이 민둥산
비만 오면 황토흙 온 들판 뒤덮으니
애지중지 키운 곡식 온데간데없어졌네
하늘 보며 원망하고 땅을 치며 통곡해도
문전옥답 귀한 땅 찾을 길 없구려

십수 년이 흘렀구나!
어디선가 불어오는 싱그러운 수림 향기
벌거숭이 민둥산 푸르름으로 변하고
이 산 저 산 계곡마다 물소리 졸~졸~졸
나무 사이 풀잎 사이 산새들 즐거우니
지난 시절 애림녹화 후손들 축복받네
아름다운 금수강산 살기 좋은 우리나라

2006. 8. 20. 시골 벌초 작업 후

감나무 집

고즈넉 뒷동산
도란도란 촌락
누우런 황금 들녘
여기가 내 고향이던가
아늑한 어머님 품이던가

그윽한 들국화 향
붉게 물든 감나무 집
저녁노을 어우러져
정겨움 더해 주네

형님 아우 마주하며
농주 한 사발 걸치니
가야곡 탑정호수
이리 오라 손짓하네
에라 흠뻑 마시고 취해 보게나

2008. 10. 12. 논산 가야곡 김택중 형님댁에서

2부

조국이여 영원하라

불타는 연평도

쾅 ~ 쾅 ~ 쾅 ~ ~ ~
백주대낮에 무슨 소린가?
연평부대가 훈련하는가?
쾅 ~ 으악 ~ 불, 불이야
여보! 빨리 저리 도망가
아니 불을 꺼야지! 살림살이 다 타잖아!
심상치 않아! 북한 놈들 짓거리 같아
어서 빨리 피하자고 이 마누라야

옹기종기 한데 모여 한가롭던 외딴섬
꽃게잡이 제철 맞아 생기 가득 넘치던 섬
해풍을 벗 삼아 다정다감 정겨웁던 섬
순식간에 부서지고 불바다 되었네
모두다 망연자실 하늘만 쳐다보니
기러기 떼 속절없이 북으로 날아 가네
한민족 외치면서 함께 살자던 저 웬수들
민간인 가릴 없이 무자비하게 포탄 퍼부으니
인륜 도리 저버리고 천벌(天罰)이 두렵지 않느냐
아 ~ 아 나의 땅 우리의 땅 연평도는 불타고 있구나

2010. 11. 23. 북 연평도 도발 후 불타는 연평도를 보면서

대~한민국

머리에 붉은 스카프, 손목에 빨간 댕기
양 볼에 태극기, 가슴에 "대~한민국"
하나 둘 시작하여, 일만, 이만, 십만,
백만, 어 ~ 어, 이백만 육박하네
새벽이슬 맞으며 뜬눈으로 밤새워도
쉼 없이 지침 없이 외쳐 대는 저 열정! 저 함성!

새벽닭이 운다! 여명(黎明)이 밝아 온다!
온 국민 염원 담아 태극전사 신 들렸네
드디어 출렁, 백사(白絲)의 골네트 가르는 순간
용암 분출 솟아오르듯 열광하는, 저 물결!
너와 나, 남녀노소, 이념 갈등 내던지고
얼싸 안고 뱅뱅 돌며 감격하는 한민족

태극기 흔들며 "대~한민국" 외쳐대니
어느 누가 덤비랴! 어느 누가 넘보랴!
포효하는 대한민국 세계가 어리둥절
어떤 연출가도, 어떤 예술가도 저 출렁이는
역동성을 흉내 낼 수 있단 말인가?
그들은 수천 년 짓밟히고 강탈당하고
설움 받던 약소민족의 아이들이 아니었다

그들의 눈가에는 이슬이 맺혔으나
별처럼 초롱초롱 빛나고 있었으며,
그들의 가슴은 미래를 향해 세계를 향해
불꽃처럼 타오르고 있었다

일찍이 우리는 이런 희열을 맛본 때가 있었던가?
3 · 1운동, 새마을 운동… 아! ~ 아! 그렇다
우리의 핏속에 용솟음치는 저 무서운 힘
두 주먹 불끈 쥐고 "하면 된다"는 자신감
한데 어우러져 밤새도록 즐기는 저 신바람
저 굿판 꺼짐 없이 고이고이 간직하고
이런 저런 지난 갈등 멀리멀리 던져 버리고
너와 나 한데 뭉쳐 새 역사 이루었으면…
대~한민국! 대~한민국! 대~한민국!

2006. 7. 19. 독일월드컵 프랑스전 서울 광화문 광장 관람 후

그는 조국이 부를 때 머뭇거리지 않았다

35년 군 생활 53세 노병(老兵)
해군 특수여단 UDT 한주호 준위
넘실대는 검푸른 파도 쓸어버릴 듯 거센 물결
효녀 심청 공양미 삼백 석에 인당수 몸 던진 곳
그 누구보다 두렵고 위험한 생사(生死) 갈림길 알면서

그의 뇌리 속에 스치고 지나가는 저 소리
차가운 바닷속에서 살려 달라고 두드리는
전우들의 처절한 부르짖음
피가 솟구치고 온몸에 전율 감긴 듯
그들이 나를 찾고 있다 조국이 나를 부르고 있다

그의 입술은 굳게 다물어지고
그의 눈빛은 바다를 삼켰으며
그의 머리에는 마스크가 씌워졌고
사랑하는 아내 · 아들 · 딸 주마등 되어 스쳐 가고
마지막 다이빙 … 영원한 영웅이 탄생되었다

그 어떤 용기보다 값질 수 없고
그 어떤 희생보다 순수할 수 없고
그 어떤 애국보다 거룩할 수 없었다

조국과 해군을 위한 마지막 봉사를 마치고
한 번 가면 돌아오지 못할 머나먼 길을 홀로 떠나다니…

2010. 4. 3. 천안함 故 한주호 준위 장례식을 보면서

탁구! 중원대륙 정복하던 날

너도나도 일손 놓고 숨죽이고 가슴 죄네
집집마다 동네마다 환호성 진동하네
20 남짓 철부지들 위대하고 장하구나

여웅(女雄) 김경아!
앳되고 고운 얼굴 반짝이는 눈동자
어디서 본 듯한 소박하고
친근감 와 닿는 철부지 소녀
아 ~ 아! 어디서 물려받은
예리함인가? 끈질김인가
무쇠도 녹인다는 삼복더위
비바람 이겨내고, 지조(志操) 있게
피고 지는 무궁화를 닮았단 말인가
어 ~ 어! 오성홍기(五星紅旗) 흔들리네
비틀거리며 쓰러지네

남웅(男雄) 유승민!
이글거리는 눈동자
한 손 치켜들고 포효하는 정복자!
승패의 갈림길에서 휘감아 치는 담대함!
중원천지(中原天地) 호령하던

광개토대왕의 환생(幻生)인가
장검 비껴들고 이리 치고 저리 치니
난공불락 만리장성 중심 잃고
허물어지네

반만년 맺힌 한 일순간 날려버리니
아 ~ 아! 이 기쁨! 이 감동!
가슴의 피가 용솟음치는구나
민족의 기(氣)가 꿈틀대는구나
손에 손 마주 잡고 천하최강 이룩하세
영웅들이여 수고했소! 그리고 고맙소!

2004. 8. 24. 올림픽 탁구 정복하던 날

화랑의 후예들이여…

조국! 명예! 충용!
가슴이 벅차구나
함성이 들리는구나
젊음이 용솟음치는구나
불같은 정열 일당백 신념으로
지혜롭게 강건하게 심신을 갈고 닦아
불의에 굴함 없이 정의에 앞장서서
'강한 전사' '강한 군대' 선봉장이 되어라

그대들은 아는가 삼국통일의 위업을
말발굽 요란히 화랑들이 달려오고 있구나
남북통일 대업 이룰 사관들이 포효하고 있구나
청운의 기상으로 더 높이 더 넓게 힘차게 날아라
조국과 명예를 위해 이 목숨 다할 때까지…

2008. 5. 17. 3사관학교 청운관 준공에 즈음하여

동해바다 수호신 벌떡 일어나겠소

어두움 사라지고 여명이 다가오면
붉으스레 태초의 빛 새 아침 밝아오네
넘실대는 파도소리 끝없는 수평선
세계로 미래로 무한히 뻗어 나가는 곳
꺼질 듯 말듯 모진 풍파 이겨내고
반만년 수난 딛고 용케도 지켜냈구나
아 ~ 아 동해바다 외딴섬 우리의 땅 독도

헤아릴 수 없는 일제 침탈 만행
비통하고 참담함 필설로 다할까
세월이 흐르고 흘러 산천이 바뀌었건만
어찌하여 남의 땅을 자기네 땅이라 우기는고
무엇이 한이 되어 이토록 괴롭힌단 말인가
석굴암 부처님도 참을 "忍" 시험에 들고
동해바다 수호신 문무대왕 벌떡 일어나야겠소
천지 노여움 두렵거든 이제 그만 하시오! 이런 고이얀!

2007년 일본 독도 영유권 주장을 보면서

남이섬(南怡島)

물 따라 강 따라 굽이굽이 돌고 돌아
깊은 계곡 울창수림 수려함 더해주고
낙엽 뜨듯 호반 위에 살포시 누워 있는
넓디넓은 청평호수 남이섬이로구나

나무숲 푸른 잔디 산새 들새 지저귀고
밝은 햇살 호수 부딪쳐 아롱아롱 빛나니
너도나도 한가로이 자연풍광 도취 되네

스물일곱 남이장군(南怡將軍) 용맹 기개 펼칠 때
시기 모함 제물 되어 원통하게 가셨구려
만인이 숙연하여 님의 명복 빌어주니
억울 분함 삭이시고 편히 고이 잠드소서

연아~

세계가 숨죽였다
그녀가 날아 올랐다
아 ~ 아 심장이 멎는 듯
역사가 바뀌고 새 황제가 등극했다

어떤 음악도 이보다 감동적일 수 없고
어떤 영화도 이보다 전율을 느낄 수 있을까
갓 스물 여린 가슴 열광 도가니 다스리고
나라 기대 무거운 짐 담대함으로 이겨내니
솟구치는가 뱅뱅 돌고 나비 같이 내려앉으니
홀린 듯 비단 감기듯 가히 신선의 경지로다
이 땅에 저런 신동(神童) 있을 줄이야

그래 이제 우리는 약소국이 아니다
질곡의 한 맺힌 민족도 아니다
연아처럼 사람을 보지 말고 저 멀리 목표를 향해
수없이 점프하고 넘어지고 다시 일어나고 이웃과 함께하며
선진국으로 비상하는 초석이 되길…

2010. 2. 28. 벤쿠버 동계 올림픽 여자 피겨스케이팅 결승전을 보면서

*No pain No gain : 고통 없이는 아무것도 얻지 못한다. 연아 좌우명.

아름다운 미소

그녀는 웃었다
처음부터 끝까지 웃었다
패배가 드리워진 암울한 현장에서
처절한 논쟁이 가슴을 파고들어도
포기하지 않고 웃음을 잃지 않았다
예리한 칼날이 급소를 지나가도
그녀는 흔들리지 않고 선봉장이 되어
연전연승 승리 장수가 되었다

그러나 이번에는 패하였다
모든 시선이 그녀에게 쏠렸다
그녀의 얼굴에 아름다운 미소가 흐르며
"깨끗이 승복합니다. 다함께 합심하여 최후의
승리자가 됩시다"
우레와 같은 박수가 터지면서 모두가 그녀를
연호하였다.

코끝이 찡해지며 가슴이 뭉클해졌다
우리 정치사에 이런 장면 본 적이 있었던가!
우리 모두 승리자가 된 기분이다
지난 과거 훌훌 털고 하루빨리 가다듬어
더욱 넓고, 더욱 높은, 인생목표 향해 달려가길…

2007. 8. 20. 한나라당 대통령 경선 시 낙선한 박근혜 대표를 보면서

어허! 저럴 수가

연평도 적 포격
어허 또 당했구나
당하는데 이골이 났구나
온 나라가 발칵 뒤집히고
전 세계가 들썩거리는구나
천안함 슬픔 아물지도 않았는데
막가파식 북녘 웬수들 또 불장난하다니
굶는 백성 아랑곳없이 체제유지 부여잡고
3대 세습 혈안 되어 제 무덤길 재촉하는구나

아 ~ 아 대한민국 국방부
어디에서 무얼 하고 있지
저 높은 자리에 왜들 앉아 있지
우물쭈물 시기 놓치고 우왕좌왕 허둥대니
웬수놈들 기세 등등 계속하여 협박하네
민초들 좌불안석 성난 민심 하늘 찌르네
뒷걸음질 그만하고 필사즉생(必死卽生) 되새기며
담대하게 지혜롭게 단호하게 다스리길…
"장수는 진격을 함에 명예를 구하지 않고
후퇴를 함에 그 죄를 피하지 않는다"

일하자

휘파람 불면서 일터로 나가자
일 터전 없으면 땅이라도 밟으러 나가자
그것도 싫으면 지난 세월 돌아보며 명상에 잠겨 보자
갚아야 할 일, 남겨야 할 일 무수히 많은데
돈 없다 배움 없다 한탄만 하고 있으니
굴러오는 황금 기회 잡을 길 없지 않소
그렇다 늦지 않았다 지금이 바로 적기다
두려워 말고 머뭇거리지 말고 지금 바로 시작하자
온갖 잡념 사라지고 희망 · 보람 넘쳐 나네
가슴에는 열정이 얼굴에는 평온함 가득하리라

도감포

강물이 흘러가네 소리 없이 흘러가네
이 들판 저 계곡 한데 모여 맴돌다가
보였다가 감췄다가 숨바꼭질하면서
풍요롭고 부드럽게 온 들판 적시며
위에서 아래로 유유히 흘러가네

남쪽의 한탄강 북쪽의 임진강
도감포* 합수되어 정다웁게 굽이치니
부딪치는 물소리랑 화합 솥에 담으시고
우리는 한민족 한 가족, 맑음 흐림 가릴 없이
어서 빨리 저 강물같이 합쳐졌으면…

* 도감포 : 임진강과 한탄강이 합수되는 곳.

도대체 저들은 누구인가?

여기는 일본열도 심장부 도쿄돔
우리 민족 가슴 깊이 상처 입힌 본거지
6만 관중 압도하는 2백여 대한 응원단
운명의 8회 초! 타석에 우뚝선 국민 타자 이승엽
휘 — 익 "딱" 경쾌음 이어 포물선 그리며
날아가는 백구! 아 ~ 아! 더 높이 더 멀리
드디어 홈런! 홈런!

망연자실 일본열도 태평양에 침몰되네
무력침탈 압박설움, 만주벌판 독립투혼
이팔청춘 정신대 원한, 한방에 갚았구려

여기는 세계 중심 애너하임 야구장
대~ 한민국 연호하며 열광하는 한민족
여기가 대한민국인가! 아메리카인가!
우리 선수 신들린 듯 안타 홈런 마구 치니
메이저 영웅 USA 비틀대며 주저앉네
도대체 저들은 누구인가?

4강 문턱 외나무다리 숙명의 대 일본전
온 나라 온 세계 일손 놓고 숨죽이네

승패의 갈림길 8회 말, 바람의 아들 이종범
민족 한 찬밥 설움 주마등 되어… 아 ~ 아 역전 2루타
돌부처 오승환, 7천만 염원 안고 배짱 두둑 뿌려대니
다무라 방망이 허공 가르며 뒤틀리며 주저앉네
너도나도 두 손 치켜들고 다이아몬드로 뛰쳐나가
태극기 휘날리며 세계 최강 포효하니
이보다 기쁜 일이 어디 또 있을쏘냐!

밟아도 밟아도 쓰러지지 않은 민족혼이여
조국 부름 쾌히 응한, 대한 건아들이여
세계만방 한민족 하나 되어 쟁취한 승리여
이 희열, 이 영광 길이길이 간직하고
우리 모두 하나 되어 민족통합 이루어보세

2006년 야구 월드컵 경기를 보면서

새 역사의 기운이 꿈틀댄다

힘들구나
눈앞이 캄캄하구나
차라리 죽고 싶구나
이대로 주저앉고 마는가
모두 다 무너지니 누구에게 손 벌리겠나
여유롭던 지난 세월 주마등 되어 스쳐 가네

사방팔방 호랑이 굴에서 지켜온 우리
6 · 25 폐허 딛고 보릿고개 이겨온 우리
허리띠 졸라매고 삶의 기적 이룬 우리
여기서 더듬거리면 천 길 낭떠러지 곤두박질
두려움 털고 하얼빈역 우뚝 선 안중근 의사처럼
얼음바닥 넘어져도 최고봉 올라선 연아처럼

아 ~ 아 미세하게 들려오는 희망의 진동
동녘 하늘에서 여명이 밝아 오는구나
땅속에서 새 역사의 기운이 꿈틀대고 있구나
어디선가 우리를 애타게 부르고 있구나
그를 따라 힘을 합쳐 조금만 더 올라오라고

일어나라! 나가자! 그리고 힘차게 뛰어 보자
生과 死, 存과 亡 약육강식(弱肉强食)의 처절한 분수령에서
자손만대 승리의 역사를 물려주기 위하여…

2009년 2월 국제 금융위기 극복을 위하여 노력하는 대통령을 보면서

호국 영령들이여 고이고이 잠드소서

많이도 희생되었구나 헤아릴 수도 없구나
3尺 남짓 화강석비 온 산야 뒤덮였네
여기가 내 아들인가! 저기가 내 전우인가!
이 조국 지키느라 귀한 목숨 던졌구려

차디찬 만주벌판 조국광복 깃발 들고
일제의 총칼 앞에 분연히 맞선 님들
6 · 25 동족상잔 부모형제 뒤로하고
이름 모를 산하에서 피 흘리고 가신 님들
휴전선 지키느라 그 얼마나 고통스러웠소

호국 영령들이여 고이고이 잠드소서
따르리라 간직하리라 내 영혼 그대들 곁으로
조국과 함께 영원히 가신 이들
해와 달이 이 언덕을 지켜주리라

2006. 6. 6. 현충일 참배 후

가르침

초롱초롱 빛나는구나! 궁금도 하겠구나!
밝은 미소 다정한 목소리 우리는 한 가족
배움 열망 후끈후끈 교실 가득 넘쳐 나고
선생님 감동되어 깊은 지식 열어젖히니
학생들 하나같이 쓰고 듣고 여념 없네
나라 미래 국군 미래 태양같이 빛나니
창밖의 까치 부부 다정하게 마주보며
호국간성 가는 길 재잘대며 축복하네

2007. 5. 2. 군수참모과정 강의 시

검은 재앙

끝없는 수평선 철석이는 파도 소리
아련히 드러누운 은빛 백사장
띄엄띄엄 기암절벽 질푸른 해송들
오묘하게 흘러내린 토끼 발톱 태안반도
평화롭고 여유로움 넘쳐나네

아 ~ 아 이 어찌 된 일인가?
파도 따라 밀려오는 저 검은 기름띠
황금어장, 백사장, 포구… 순식간 기름 뒤범벅
모두 다 망연자실 그 자리 주저앉아
무심 하늘 쳐다보며 두 손 모아 빌어 보건만
밀려오는 검은 물결 막을 길 없구려

어디서 오는 사람들일까? 무엇을 하는 사람들일까?
경상도, 전라도, 강원도… 구름처럼 몰려 오네
다섯 살배기 꼬마, 대학생, 주부, 할아버지,
할머니, 국군 아저씨, 경찰 아저씨…

쉼 없이 밀려드는 도움의 행렬
감동이 복받쳐 눈시울 붉어지니
어느덧 바닷가 인간띠로 넘쳐나네

눈앞에 펼쳐진 처참한 현실 앞에
할 말 잊은 듯 바닥에 주저앉아
기름덩이 걷어내고, 모래 · 자갈 닦아내니
검은 재앙 걷히고 옛 모습 되살아나네

갈매기 · 철새들 그제서야 날아와서
힘차게 비상하며 먹이 사냥 여념 없네
태안군민들이여 어서 빨리 일어나라
온 국민과 함께 바다로 뛰어나가
보배로운 삶의 터전 다듬고 가꾸어 보세

2007. 12. 20. 태안 앞바다 기름띠 제거 자원봉사 하면서

남북 정상

남북이 갈라선 지 어언 60여 년
조국통일 염원하며 목메이게
기다리던 7천만 동포, 이제 두 정상
8월 28일 2번째 만나게 된단다.
그러나 이 어찌 된 영문인가
기뻐서 시끌벅적 들석들석 흥겨울 텐데
되레 무덤덤 가라앉아 있지 않은가

왠지 불안하고 잘못될 것 같은 마음
첫 번 회담 후 이런저런 불신 때문인가
하자면 하고 올라오라면 올라가고
무엇이 두려운지 마주하면 주눅 들어
저자세 고분고분 당당함 찾을 길 없으니
남쪽사람 기(氣)죽어 가슴 펴고 살겠소

붉은 띠 머리 두르고 민주화 외쳐대며
화염병, 죽창 들고 공권력 굴복시키던
민주열사 그 열정 어디로 갔단 말이요
지금도 늦지 않았소 밑바닥 민심 추스르고
사욕(私慾) 정욕(政慾) 멀리하고
남쪽 북쪽 숨김없이 두드리고 살피어

백년대계 바라보며 국태민안(國泰民安) 이루어
한걸음 한 계단 조국통일 주춧돌 쌓아 갔으면…

2007. 8. 8. 남북정상회담 발표 후

장하다 대한의 아들딸들이여…

아 ~ 아 드디어 금메달입니다!
우리의 아들딸들이 해냈습니다
세계 2위, 3위…
세계 최강 미국도 이겨 보다니
우리 생전 이런 일이 있었던가
이 감동, 이 기쁨 어디에 비하랴
어수선 나랏일 무거웠던 나날들
자욱한 안개 걷히고 밝은 빛 비추이네
너도나도 웃는 얼굴 간만에 활기 가득

태극기 가슴에 달고 조국명예 되새기며
비정한 경쟁 속에 승리 위한 몸부림
넘어지고 부러지고 쓰라린 아픔 딛고
흐르고 또 흘러 흩뿌려지는 땀방울
그 얼마나 고통스럽고 힘들었던가

최고봉 우뚝 서서 애국가 울려 퍼질 때
스쳐 가는 고난 세월 복받치는 감격의 눈물
이제야 해냈구나 자랑스런 대한민국
장하다 대한의 아들딸들이여…
그대들이 있어 우리는 행복하였소!
내일도 모레도 이런 일만 이어졌으면…

2008. 8. 24. 베이징올림픽 야구 쿠바전을 마치고

무궁화

저리도 질기고 끈질기게 피어날까
밟아도 밟아도 살아나는 질경이와 같구나
무쇠도 녹인다는 삼복더위 이겨내고
함박웃음 머금고 도도하게 피고 지는 꽃
비바람 폭풍우 몰아쳐도 결포(結抱)하여
쓰러지지 않고 피고 지는 꽃

사육신의 지조인가 논개의 절개인가
온갖 수난 이겨낸 우리 역사 보는 듯
이름 모를 길가에 쓸쓸한 울타리 옆에서
따뜻한 보살핌 없이 오만 설움 받아가며
오늘도 굳세게 이 강토를 지키고 있구나

2007. 8. 5. 국립묘지 이기원 장인 발인 후

고속도로

어디로 가는 걸까? 무슨 일로 가는 걸까?
내려가는 길, 올라오는 길 차량 물결 넘실넘실
비가 오나 눈이 오나 낮과 밤 가릴 없이
쉼 없이 꼬리 물고 하염없이 흘러가네

60년대 힘든 세월 온갖 고난 이겨내고
산을 뚫고 강을 건너 민족 혈맥 연결하니
한 맺힌 보릿고개 일순간 날려 버리네
세계가 감탄하는 부자 나라 일구어
그 자손들 심기일전 어기여차 내달리니
국운 상승 물꼬 틔워 동방의 등불 되리라

2007. 5월 고속도로 주행시

자욱한 안개

눈앞이 희뿌옇구나
산꼭대기, 높은 빌딩, 도로길…
자욱한 안개로 뒤덮여 있구나
어디서 날아오는 것일까
바람이 불고 태양이 솟아오르면
어디론가 소리 없이 사라지던 안개
길바닥에 눌러앉아 없어지지 않네

두 눈 부릅뜨고 손에는 촛불 들고
"쇠고기 재협상" "정권퇴진"
왜들 저러지 저렇게 해야 하나
앞만 보고 내달리는 코뿔소같이
한발만 물러서면 안개가 걷힐 텐데
기약도 없이 어디로 흘러갈까
망망대해 방향 잃은 돛단배 같구나

숨 한 번 크게 고르고 뒤돌아보자
9백여 회 외침도 견뎌온 나라
36년 이민족 속박도 이겨낸 나라
6 · 25 동족상잔 참화도 극복한 나라

고갯길 넘지 못하고 여기서 비틀거려서야
일어나라 가다듬어라 헤쳐나가라
한 맺힌 6월의 호국 영령들을 위해서라도

2008. 6. 6. 현충일 참배 후 촛불집회 뉴스 보며

눈 덮인 철의 삼각지대

이동막걸리 한 사발에 이동갈비 한 점 보태니
속세에 찌든 심신 눈 녹듯 사라지네
산정호수 백운계곡 가파르게 돌고 돌아
북으로 북으로 한참을 내달으니
눈앞에 펼쳐지는 광활한 평야 은백의 맑은 설원(雪原)
여기가 철원 – 김화 – 평강 '철의 삼각지대' 로구나

한탄강 굽이굽이 비옥하게 휘감기는 곳
중부전선 깊은 곳에 이런 땅이 있었던가
가히 태봉국 '궁예' 옛 도읍지 손색 없구료
6 · 25 동족상잔 처절한 분단 현장
이 들판 사이 두고 그 얼마나 싸웠던가
백마고지 쟁탈 위해 그 얼마나 피 흘렸던가
월정역(기차역) 지키려고 그 얼마나 고통스러웠던가

강물은 쉼 없이 북녘에서 남녘으로 흐르건만
철마는 멈춰 선 채 녹슬어 허물어지는구나
아 ~ 아 기약 없는 이 고통, 이 슬픔 언제 풀어지려나
'눈 덮인 철의 삼각지대' 철새 떼만 자유로이
남(南)과 북(北) 넘나드는구나!

2007. 1. 14. 처남 내외와 철원평야에서

딴 세상 사람들

민의(民意)의 전당 여의도
해머 들고 내리치는 저 사람들
어디서 온 사람들일까
이 나라 백성은 맞는가
같은 핏줄이 맞는가

그들의 눈에는 보이지도 않는가
들리지도 않는 귀머거리들인가
일자리 없어 방황하는 젊은이들
견디다 못 해 문 닫은 공장들
한 푼이라도 벌기 위해 추위에
떨고 있는 시장 아낙네들
살기 위해 몸부림치는 저 모습들을…

허망하고 애달프도다 우리의 선량들이여
바다 건너 저편 나라, 피부색 언어 달라도
밀어주고 끌어주고 한마음 헤쳐나가는데
어찌 이리 밤낮 없이 싸움질만 하느뇨
아직 늦지 않았소 양팔 걷어붙이고 한데 뭉쳐
세기(世紀)의 어려움 헤쳐나가 보자꾸나

2008. 12. 18. 국회의사당 출입문 부숴지던 날

누가 이 땅을 좁다고 말하였던가

아득한 수평선
광활한 천해 보고(寶庫)
밭 갈고 씨 뿌릴 일 없이
거름 주고 김맬 일 없이
바지 끈 졸라매고 통통배 올라타면
이리 가도 내 것이요 저리 가도 네 것이니
철 따라 입맛 따라 펄떡대는 해물들

누가 이 땅을 좁다고 말하였던가
동해로 서해로 남해로 북양(北壤)으로
신이 내린 오묘한 이 땅
수많은 외침 견뎌낸 질기고 귀한 땅
밀려오는 파도처럼 기회가 오고 있다
너와 나 한배 타고 반드시 잡아야 한다
동방의 등불 되어 만대(萬代) 창성(昌盛)하도록…

2009. 8. 1. 여름휴가 동해 청간정 콘도에서

3부

금수강산이여

봄이 오네

산 넘어 남촌에서
산들바람 스쳐올 때
들릴 듯 말듯 사랑노래 속삭이며
아장아장 손잡고 새봄이 걸어오네

아련한 들녘 한적한 촌락
눈 녹은 계곡물 움츠린 마음 녹여주고
바스락 바스락 움트는 새싹 소리
숫처녀 부푼 가슴 울렁울렁 터질듯

시냇가 물 오리떼 자맥질 요란 법석
갈대숲 사이로 산새 들새 재잘대니
실버들 가지마다 물오름 분주하네
아 ~ 아 어느덧 봄날이 문턱에 오는가 보다

2008. 2. 18. 대진고속도로 산청 함안 지나면서

한려미항 통영

백두대간 등에 업고 수려 산수 돌고 돌아
황금 들녘 굽이굽이 한참을 내달으니
구수한 사투리 훈훈한 바닷바람
여유로움 물씬 물씬 충절의 땅 통영이로구나

오밀조밀 외딴섬들 붕 ~ 붕 뱃고동 소리
자연 따라 뱃길 따라 옹기종기 삶의 터전
갈매기 떼 끼룩 ~ 끼룩 머리 위 넘나들고
"강구안 포구" 해물 장터 흥청흥청 활기 넘치니
방어, 숭어… 펄떡펄떡 물세례 피할 길 없네
어 ~ 허! 이런 고이얀!

그 옛날 임진왜란 생사여탈(生死與奪) 현장
가슴의 피가 끓는다 선열들의 함성이 들린다
이충무공 호령소리 귓가에 쟁쟁 하구나
"왜적들 한 명도 남김없이 무찔러라"
학익진(鶴翼陣) 춤추며 왜적선 몰아치니
불에 타고 수장되고 혼비백산 도주하네
한산섬 피로 물들며 승전고 둥 ~ 둥 ~ 둥

그 충정, 대동단결 고스란히 이어받아
미움 불신 한데 모아 배 띄워 흘러 보내고
흐트러진 민족기상 곧게 반뜻 세워서
금수강산 우리 조국 모두 합심 지켜나가세

2006. 10. 3. 경남 통영 한산섬에서 가족과 함께

호미곶(虎尾串)

풋풋한 바다 냄새 이별 · 만남 뱃고동 소리
하늘엔 뭉게구름 아득아득 수평선
갈매기 떼 꾸룩꾸룩 손님맞이 여념 없고
우뚝우뚝 높은 굴뚝 연기 날리며 뽐내네
이곳이 영일만 철의 도시 포항이로구나

오밀조밀 어촌 구불구불 바닷길
가파른 절벽 이리 꺾고 저리 돌며
몇 구비 넘으니 편편한 들판 오묘한 땅 모양
태초의 전설 구구절절 사연 담긴 듯
여기가 한반도 최 동편 천하명당 호미곶이로구나!

검푸른 동해 가르고 한민족 잠 깨우는
일출 제일 호미곶, 평화 화합 상생의 손
해와 달 전설 연오랑 세오녀
모두모두 이 국토 지킴이 되어
왜침 막고 정기 살려 세계만방 으뜸 되세

2005. 7. 3. 호미곶, 평생 동지 모임에서

남원 춘향골

여기도 울긋불긋 저기도 울긋불긋
모두모두 울긋불긋 곱게도 물들었네
나뭇가지, 바위틈, 산새, 다람쥐 뛰놀고

산 아래 펼쳐지는 황금빛 들녘
들 자락 산자락 다정다감 촌락들
서산 낙조 어우러져 황홀감 더 하네

광한루 올라가 오작교 바라보니
성춘향 이도령 연못 속에 어른거리네
님의 손 꼬~옥 쥐고 백년해로 다짐하니
휘영청 밝은 달이 축복하듯 비추이네

추어탕집 아줌마 소박하고 인심 좋네
동동주 빈대떡에 걸쭉하게 한잔하니
요천수(蓼川水) 맑은 물 나그네 마음 유혹하네
하늘나라 선녀들 물장구치고 놀던 곳
승월교(乘月橋) 전설 따라 달나라 가고프구나

2004. 10. 30. 군무원단 남원 춘향골에서

아 ~ 아 보타락가산(낙산사)이여…

맑고 푸른 동해바다 예나 지금 변함없건만
호국성지 보타락가산 잿더미로 변했구려
고즈넉 언덕 아름드리 푸른 청솔
세파 지친 나그네 마음 부드럽게 감싸 주더니
화마(火魔) 야욕 버티다 핏빛으로 변했구려

지난 흔적 되새기며 여기저기 둘러봐도
반겨주던 대웅전, 범종… 찾을 길 없구려
너도나도 허탈하여 가는 길 멈춰서니
갈매기도 넋 잃고 애처로이 쳐다보네

슬프고 애달프도다 천년고찰 보타락가산이여
석가모니 자비인가 관세음보살 베풂인가
보타전, 홍련암, 의상대, 용케도 버텼구려

허탈, 슬픔, 훌훌 털고 십시일반 성원 모아
민족고찰 동해 지킴이 하루속히 우뚝 세워
의상대사 정기 살려 국태민안 이루소서

2005. 4. 24. 불탄 낙산사에서

한강(漢江)

금강산 산삼수(山蔘水) 북한강 이루고
태백산 설화수(雪花水) 남한강 모여들어
양수리 합수(合水) 되어 한강수 이루었네
민족애환 듬뿍 담고 소리 없이 쉼 없이
오늘도 내일도 유유히 흘러가네

그 옛날 삼국시대 패권 장악 요충지
황포 돛대 펄럭이며 법석대던 마포나루
몽고, 일제(日帝) 찬탈 필사즉생(必死卽生) 항거하던 곳
6 · 25 동족상잔 핏빛으로 물들었던 곳
아 ~ 아 한 서린 민족의 젖줄이여
그대는 지켜보고 잊지 말고 있으오

오천 년 지난 세월 이런 변화 있었던가
근대화 기치 아래 천지가 변했구려
여기저기 걸쳐 있는 휘황찬란 다리들
굽이굽이 이어지는 끝없는 차량 물결
고층 빌딩 푸른 물빛 어우러져 노래하네
한강 기적 이어받아 통일 위업 이룩하세

2005. 1. 22. 작승초등학교 동창회, 야간 한강유람선에서

계곡물에 발 담그고

깊고 높은 뫼로다
울울창창 숲이로다
닿을 듯 뭉게구름 뙤약볕 가려주니
골바람 능선바람 냉기가 감도네

솔잎 한 방울 갈참나무 한 방울…
흙덩이 적시고 가느다란 물줄기 되어
나무뿌리 헤집고 바위틈 돌고 돌아
숨기는가! 어느덧 벼랑 아래 쏟아 부으니
비단 명주 늘어놓은 듯 물보라 흩날리네
옥구슬 구르듯 무지갯빛 반짝이며
사르르 멤 도는 선녀탕 은빛 물거품

계곡물 발 담그고 하늘 한번 쳐다보니
머루 다래 넝쿨 사이 진줏빛 밝은 햇살
이름 모를 산새들 반가이 맞이하네
아 ~ 아 정말 세상 살맛 나는구려

2009. 7. 31. 여름휴가 미시령 넘어가면서

청풍명월

마을 어귀 느티나무 비단옷 갈아입고
앞뜰 감나무 뒤뜰 대추나무 정겨움 주렁주렁
따스한 만추(晩秋) 햇살 고양이 누렁이 살판났네
아낙네들 고추, 수수, 가을걷이 여념 없구려

월악 영봉 기암절벽 가는 길손 멈추이고
울퉁불퉁 바위 자락 모두모두 울긋불긋
산새 들새 지저귀며 지는 해 아쉬워하니
타는 듯 낙엽 향기 그 무엇에 견주랴

맑디맑은 산중호수 명월이 교교하니
님의 얼굴 내 얼굴 거울처럼 비추이네
뻐꾸기, 부엉이, 님 찾아 슬피 울 때
희뿌연 물안개 산등허리 휘감기면
여기가 청풍명월 월악이로구나

2006. 10. 15. 제천, 단양 청풍명월에서

우리 동네 꽃동네

까치들이 시끌벅적 새벽을 깨우는구나
창문 열고 앞산 바라보니, 여기저기
울긋불긋 온 동네가 꽃밭이로구나
꽃내음 풀내음 가슴에 스며드니
온몸이 산뜻산뜻 하늘나라 날아가네
벌, 나비 분주히 이 꽃 저 꽃 넘나들 때
동녘 하늘 붉게 물들며 둥근 태양 솟아오르고
온천지 새 세상 맞는 듯 활기 가득 넘치는구나
아 ~ 아 대자연의 신비함이여
우리 동네 꽃동네여

2004. 4. 24. 우리 동네에서

영월 선돌[立石]

깎아지른 선돌 사이 햇살이 눈 부시고
산새들 지저귀며 아슬아슬 재주넘네
바위 자락 청솔나무 고고함 더해 주니
기기 묘묘 청정산하 생동감 넘쳐나네

비단결 감기듯 휘감아 도는 동강(東江)
은빛 물결 젖줄 되어 멈춘 듯 흘러가고
나룻배 휘적휘적 고기잡이 여념 없구려
내 마음 강물 되어 베풂 사랑 나눠 봤으면

강 건너 고즈넉 언덕 들꽃 풀꽃 만발하고
띄엄띄엄 소떼 양떼 한가로이 풀을 뜯네
농부들 밭갈이 논갈이 바쁜 일손 움직이니
저 멀리 삿갓봉 삼방산이 마주 보며 손짓하는구나

2004. 5. 17. 처남 내외와 영월 선돌에서

심포항

노을 지는 심포항 갈매기 떼 울부짖고
철석이는 파도소리 내 가슴 울리는데
중원 일색 해당화 여기저기 지저귀니
이 어찌 대장부 가슴 흔들리지 않을쏘냐

2004. 4. 8. 군무원모임 전북 만경 심포항에서

꽃피는 자운대(紫雲臺)

계룡산 굽이굽이 아담하게 둘러쳐진 곳
몸도 푸근 마음도 푸근 고향 정취 물신물신
흐드러지게 피었구나 화사하게도 피었구나
개나리, 목련 할 것 없이 여기저기 형형색색
벌, 나비 시샘하듯 분주히 넘나들고
꽃향기 풀 향기 자운동산 진동하네
아이 어른 맑은 미소 모두모두 활기 가득

동녘 하늘 붉은 기운(紫雲) 예사롭지 않구나
동학선봉 최제우 장군 서슬 번쩍 지휘하던 곳
호국간성 위국열정(爲國熱情) 새 기상 넘쳐나네
정의 위해 앞장서고 불의 앞에 굴함 없이
심신수련 학문수련 쉼 없이 이루어
금수강산 우리 조국 굳건히 지켜나가세

2007. 3. 17. 육군대학 울타리 돌면서

새싹

동지섣달 기나긴 밤 모진 한파 이겨내고
연녹색 신비스런 새싹이 움 트이네
앙상한 나뭇가지 뾰족뾰족 서릿발 위에
두려움 없이 아장아장 새 생명 돋아나네
연한 끝 껍질 벗느라 얼마나 고통스러웠을까
시샘 바람 견디느라 얼마나 원망스러웠을까
생기가 감도는구나 욕구가 꿈틀대는구나
일어나자 고개 들자 마음문 활짝 열자
새 희망 새 꿈 안고 힘차게 달려나가자

2007. 3. 23. 대전 자운대(육 · 해 · 공군 대학)에서

외도(外島)

하늘은 맑고 산야는 연둣빛
청정바다 푸른 물결 끝없이 펼쳐진 곳
띄엄띄엄 고기잡이 한가로이 넘나들고
화사한 봄바람 나그네 마음 부풀리네

여기가 우리 땅인가! 남국의 땅이런가
야자수 · 선인장 · 기화요초 만발하고
굽이굽이 올라가니 天 · 地 · 人 어우러져
천국 땅에 온 것 같구나

버려진 땅 외로운 섬(外島) 곱게도 가꾸었네
돌덩어리 골라내고 나무뿌리 뽑아내고
꽃 한 송이 풀 한 포기 그대 숨결 느껴지네
고운 손 부르트고 온몸이 땀범벅 되었겠구려

님의 집념 님의 열정 구구절절 서린 곳
만인이 감탄하고 참된 삶 귀감 되네
에덴동산 예배당에 머리 숙여 기도하니
하늘나라 그대 영혼 밝은 미소 보답하네

2007. 4. 22. 한밭삼팔회 외도 화전놀이에서

여수항

참으로 포근하구나
엄마 품에 안긴 것 같구나
부드럽게 둘러쳐진 산자락
속삭이듯 앉아 있는 외딴섬들
이리 가면 바다요! 저리 가면 푸른 숲이니
여기가 한려 미항(美港) 여수항이로구나

풍성한 먹거리촌 구수한 남도 사투리
가는 길손 머뭇거리며 이쪽저쪽 넘보니
인심 좋은 아줌마 듬뿍듬뿍 선심 쓰네
나도 그만 떠나지 말고 눌러앉고 싶구나

2007. 8. 가족과 함께 여수항 만성대 휴가지에서

구름도 자고 가는 고개

이리 가면 경상도요 저리 가면 충청도라
높지도 않은 고개 어찌 이리 써늘할꼬
임진왜란 의병 원혼 울부짖음인가
6 · 25 동족상잔 젊은 꽃봉오리 원혼이냐
너도나도 홀린 듯 쉼터로 들어가니
구름도 자고 가고 바람도 쉬어 가네
가는 길 멈추고 그들 원혼 달래고 가자꾸나

2006. 8. 31. 고향 산소 벌초 마치고 추풍령 넘어오면서

금강

태백준령 깊은 계곡 굽이굽이 돌고 돌아
비단결 휘감기듯 애절하게 흐르는 강
이런저런 사연 담고 구곡간장 녹이듯
산 따라 들 따라 유유히 흘러가네

강변 자락 촌락들 산수화 펼쳐 놓은 듯
충청도 전라도 들락날락 넘나들며
이 들판 저 들판 기름지게 적시니
생명의 물이요 화합의 강이로다

석양빛 불그스레 강물에 드리우면
물새 떼 분주히 먹이 사냥 여념 없네
들녘 농부들 마무리 일손 끝내고
맑디맑은 금강물 온몸 담그니
이보다 더한 축복 어디 또 있을쏘냐

2007. 7. 30. 금강 상류 송천강에서 가족과 함께

아 ~ 아 환선굴

굽이굽이 심산계곡 한참을 올라보니
맑디맑은 물소리 나그네 마음 씻어주네
어디쯤 왔을까? 고개를 들어보니
눈앞에 불쑥 내민 기암절벽 촛대봉
구름 띠로 둘러쳐진 크고 작은 고봉(高奉)들
태고의 신비함이 온몸을 휘감는구나

깊고 푸름 심취되어 산중턱에 다다르니
흰 물줄기 내뿜으며 쏟아지는 선녀 폭포
흩뿌려지는 물보라 싱그러운 산바람
삼복(三伏) 더위 혼비백산 저 멀리 도망가네

물안개 해치고 굴(窟) 안에 들어서니
아 ~ 아 조선팔도 이런 장관 있었던가
시작도 알 수 없는 거대한 물줄기 폭포
굴벽 새겨진 만물상, 미녀상, 마리아상의
경이롭고 신비함이여
모두 다 멈춰 서서 둘러보고 또 둘러봐도
황홀함 벅찬 가슴 가눌 길 없구려
아 ~ 아 환선녀 환선스님 고이고이 잠드소서

2004. 8. 2. 형제들과 함께 삼척 환선굴에서

알밤[栗]

작열하는 태양 아래 가을은 깊어가고
귀뚜라미 메뚜기 분주히 넘나드니
가시껍질 터뜨리고 알알이 영근 밤송이
소슬바람 시원스레 나뭇가지 흔들면
후-두-득 투-닥 툭-툭 알밤이 떨어지네
여기도 밤! 저기도 밤! 온통 밤 천지일세
남이 볼까 주울까 이리 저리 둘러보며
이 언덕 저 계곡 바람같이 쫓아다니니
다람쥐 청설모 시샘하듯 날아 다니네
밤나무 숲 야단법석 생동감 넘쳐 나니
어느덧 주머니 두둑 추수의 계절이고나

2007. 9. 대전 갑천 밤나무 숲에서

지리산

장엄함이여
듬직함이여
풍만함이여
나무뿌리 베개 삼아
포근히 잠들고 싶구나

구름 아래 아스름 고봉(高峯)들
억겹 애환 품어 안고
묵묵히 따르며
면면히 이어지네

오르락내리락
억새풀 등줄기
만고풍상 이겨내며
바람결에 흔들리니
백두대간 바라보며
멈춤 없이 가자꾸나

2007. 11. 5. 지리산 노고단에서

봄 · 여름 · 가을…

새싹이 돋아나는구나
꿈과 희망이 넘치느냐

녹음방초 무성하구나
젊음이 용솟음치느냐

주렁주렁 열매가 달렸구나
최고의 절정감을 맛보았느냐

낙엽이 우수수 떨어지는구나
씁쓸한 인생무상을 느끼느냐

서산이 붉게 물들고 있구나
곳간에 들어앉았구나
이제야 진리를 깨달았느냐

달도 차면 기울었다가
다시 살아나듯
아직도 늦지 않았다
어서 빨리 일어나 뛰어가자꾸나

2007. 11. 26. 육군종합군수학교 울타리 걸으면서

녹혈(鹿血)을 뿜어내는구나

봄 내음 그윽한 자운동산
어디서 머물다 왔을까
십수 마리 사슴 무리들
으스스 산비탈 차디찬 잔설 딛고
삭풍 흩날리는 나뭇가지 아래서
여명(黎明)의 부푼 희망 안고
모진 한파 이겨내고 용케도 버티었구나

어미, 새끼 비벼대며 언덕길 올라올 때
동편 넘어 아침 해 눈부시게 빛나네
녹혈을 뿜어내는구나!
지기(地氣) · 양기(陽氣) 솟아나는구나!
나무 위 까치도 덩달아 노래하네
길쭉한 다리 맑고 선한 눈동자
미움 초조 멀리 가고 화평함 넘쳐나네
여기가 에덴동산이던가! 무릉도원이던가!

2008. 3. 20. 육군종합군수학교 아침 체조 시간 사슴 떼 모습 보면서

새도 날아서 넘기 힘든 고개

백두대간 정기 따라 오묘하게 휘어진 고개
북으로 한강이요 남으로 낙동강이니
구불구불 젖줄 되어 온 들판 적시네
그 옛날 삼국시대 패권 다툼 요충지
청운의 꿈 안고 괴나리봇짐 울러 매고
한양 길 넘나들던 고개

첩첩 계곡 굽이굽이 자욱한 물안개
구름도 힘겨운지 산허리 걸려 있네
산새들 벗 삼아 산모퉁이 돌고 돌아
이제나저제나 고갯마루 쳐다봐도
보이는 건 울창수림 소슬바람뿐일세

어 ~ 허 이러다가 등마루 오르지 못하고
서산에 해지고 주막 신세 지는 건 아닌지
에 ~ 라 새들도 쉬어가니 나도 그만 쉬어 가자꾸나

2005. 7. 15. 가족과 함께 문경새재에서

삼천포 항

산마루 넘어서니 시원한 바닷바람
끝없는 수평선 밀려오는 파도소리
가슴 활짝 열리고 새 희망 솟구치네
이리 가면 동해요 저리 가면 서해니
인생살이 고달플 때 한달음에 달려와서
부딪치는 파도 보며 목청 크게 외쳐대니
마음속 맺힌 응어리 산산조각 부서지네

잠자듯 옥빛 바다 길손 마음 편히 하고
띄엄띄엄 작은 섬 정겨움 더해주니
고깃배 통통 거리며 항포구 넘나들 때
덕장(경매장) 아낙네들 손놀림 바빠지네
여기저기 왁자지껄 생동감 넘쳐나니
삶의 터전 삶의 보람 웃음꽃 만발하네

2007. 6. 16. 동네 모임 삼천포 앞바다에서

녹음방초(綠陰芳草)

봄은 가고 여름이 오니
꽃은 지고 녹음방초 무성하구나
삼라만상 꿈틀대며 생기 가득 넘쳐나고
수림향기 풀 향기 꽃보다 싱그럽네
심산유곡 물소리 풍요로움 더해주니
천지의 조화요 이 땅의 축복이로다
내 마음 흠뻑 취해 산상(山上)에 올라앉아
벗들과 마주하며 동동주 잔 기울이니
산새들도 날아와서 즐거이 노래하네

2006. 6. 3. 대전근교 식장산에서

서울 신촌의 여름

부슬비가 내리는가 싶더니 느닷없이
온 사방 캄캄해지며 천둥번개 번쩍
우르르륵 쾅! 쏴 ~ 악! 쏴 ~ 악!
소나기 쏟아지니 모두들 혼비백산
처마 끝 웅크리고 어 ~ 허 이럴 수가

어 ~ 어 어디선가 시원한 바람 휘 ~ 익
시커먼 먹구름 온데간데없어지고
간만에 푸른 하늘 신천지 맞이하는 듯
저만치 성산대교 오색 무지개 신비롭구나

젊은이들 매료되어 연인끼리 친구끼리
손짓 몸짓 재잘대며 가로수 길 누비고
머리 모양 옷매무새, 같은 사람 하나 없이
해맑고 발랄하게 골목 가득 걸어가니
저리도 즐겁고 생동감 넘쳐날까

젊음이 숨 쉬는구나 낭만이 넘치는구나
내 마음 저들 따라 인생무상 멀리하고
옛 추억 떠올리며 어울리고 싶어지네
아 ~ 아 신촌의 여름 깊어만 가는구나

2007. 7. 14. 둘째 형님 기다리며 연세대 교정에서

하염없이 비가 내린다

목마른 대지 위 주룩주룩 비가 내린다
나뭇잎, 풀잎, 논, 밭 모두 모두 비가 내린다
바라지도 않으면서 온천지 뿌려 주니
하늘에서 내리는 축복 신비도 하구려
여기저기 힘든 시름 말끔히 씻어주니
삼라만상 생기 얻어 성큼성큼 자라네

어느덧 계곡마다 물소리 흥겨웁고
농부들 괭이 메고 물꼬 손질 여념 없으니
비오는 날 공(空)치는 날 온 가족 둘러앉아
정구지 찌짐, 빈대떡에 동동주 한 사발 걸치니
마음 여유 화기애애 정겨움 넘쳐나네
여보게 친구! 인생 별것 있나!
비 오는 날 공(空)치는 날이야!
이보다 부러울 게 어디에 또 있겠어!

2007. 6. 29. 비 오는 날 옛 고향집 생각하면서

낭만의 부산항이여

푸른 하늘 푸른 바다 우뚝우뚝 빌딩숲
꿈과 희망 가득 안고 새 시대 고대하네
어려웠던 피난시절 동포애로 감싸주고
한마음 굳게 뭉쳐 새 역사 꽃피운 곳
구구절절 사연 담은 추억의 부산정거장

이리 오이소! 자갈치 아줌마 구수한 사투리
예나 지금 변함없고 매큼 쫄깃 꼼장어 맛
어 ~ 어 술맛 나네! 우째 이리 맛있을꼬!
국제시장 골목골목 옛 정취 넘쳐나고
불 밝힌 부산항 쉼 없는 크레인 소리
세계로 미래로 힘차게 뻗어 나가네

해운대 앞바다 보름달 두둥실 뜨니
동백섬 오륙도 한 폭의 그림 같구나
유람선, 차량 물결 광안대교 넘나들 때
젊은이들 활기 가득 낭만을 만끽하네

2007. 5. 26. 부산 동백섬 봉화회 모임

무릉계곡 적송(赤松)

높푸른 하늘
맑고 시원한 바람
산 까치 떼 요란법석
촬 ~ 촬 요동치는 계곡물
거센 물결 내려치는 물가에서
천길 절벽 위 바위 끝자락에서
고고하게 장엄하게 우뚝 선 적송

이제나 오실까
오시다가 돌아가지나 않을까
기약 없는 길손 원망하지도 않고
모진 풍상 억겁 한(限) 온몸으로 맞으며
수십 년 수백 년 고집스레 견뎌 냈구나
은은한 솔향기 용추폭포(龍湫瀑布) 물보라
마른 창공 적셔 주니 푸른 솔잎 기개 등등 하늘을 넘보네
자욱한 세속(世俗) 안개 고결함으로 걷어내고
흔들리고 쓰러져 갈 때 너의 기상 본받으리

2010. 9. 20. 강원 삼척 무릉계곡에서

4부

가슴 깊이 새기면서

대나무

화사한 봄 향기 속 유혹되지 아니하고
불볕더위 비바람에 쓰러지지 아니하고
온 산천 붉게 물들어도 푸르름 변함없네
삭풍한파 몰아쳐도 곧게 곧게 자라니

하늘에서 받은 기(氣)냐! 땅에서 솟은 기(氣)냐!
이리 갈까 저리 갈까 흔들리는 힘든 세상
도도하고 지조 있게 삶의 기둥 되는구려
여기저기 기웃 말고 너의 모습 되리라

2007. 4. 14. 육군종합군수학교 적오동산에서

아버님 어머님 전에

금성산 정기 받아 신묘생 동갑내기
꽃피고 새 우는 전풍이 동네 태어나셨네
미남 아버지, 달덩이 어머니 한눈에 반하여
처녀 총각 부러움 속 백년가약 맺었구려

호랑이 할아버지, 일 욕심, 손자욕심, 마음고생
많으시고, 큰아버지 떠난 자리, 삼촌 두 분 글 바라지
인내, 헌신, 형제우애(兄弟友愛) 힘들게도 지키셨소

오늘은 숲실골 내일은 메싯골 · 아릿골
조, 수수, 보리밭 김매기 유난히 졸리시고
삼복더위 시불 논매기 손발이 다 닳았구려
점심 광주리 머리이고 막걸리 주전자 손에 들고
산 넘고 물 건너 바람같이 달려오시던 님

보릿고개 힘든 세상 가난 이웃 다 보듬고
고픈 배 움켜쥐고 구걸하는 거지, 상이군경
어머님 측은하여 큰 양푼 비벼주니
눈 깜짝 비우고 큰절하고 물러가네
그 시절 베품, 사랑, 흉내라도 내봤으면

5일 장날 점심 요기 국수 한 그릇 때우시고
1원 한 잎 아끼시며 근검절약 수범 하신 님
밥상머리 물려놓고 오순도순 둘러앉아
명심보감 좋은 말씀 인생철학 보태니
식솔 모두 공감하고 가슴 깊이 되새기네

아버님의 총명함인가! 어머님의 공덕인가!
그 자손들 옆길 없이 주경야독 노력하여
자기 명예, 집안 명예, 동네 명예 빛내주니
고생 보람 이웃 부러움 신바람이 났구려

아 ~ 아 어찌 그리 명이 짧으셨소
고생살이 힘든 세상 저 멀리 떠나보내고
지난 시절 안주 삼아 동동주 잔 마주치며
고향 집 다시 찾아 부귀호강 드리고 싶었건만
그런 기회 주지 않고 머나먼 길 가셨구려

하느님의 계시인가? 신령님의 도움인가?
공원묘지 타향살이 훌 ~ 훌 ~ 훌 털어 버리고
목 메이던 고향산천 환대 귀향하셨구려
문전옥답 삶의 터전 고스란히 내려 보시고
이승에서 못다 한 정, 다정다감 나누면서
자손들 번성하길 두 손 모아 빌어 주소서

2006. 2. 12. 정월 대보름 고향 생각, 한국인 혼혈아 하인즈워드 어머니를 생각하면서

한탄강 천렵(川獵)

유서 깊은 북녘 땅 봉래산에서 발원되어
휴전선 비무장지대 청정 들녘 돌고 돌아
민족애환 담은 채 철원평야 젖줄 되어
남으로 남으로 한스럽게 흐르는 한탄강
때로는 협곡으로 때로는 호수 되어
변덕 심술부리면서 굽이굽이 흘러가네

이 물은 북녘 동포들이 마신 물이요
이 물은 북녘 들녘 적시고 내려온 물이요
이 물고기는 남녘 북녘 자유롭게
넘나드는 통일의 물고기가 아닌가

여기서 북녘 땅은 불과 십여 키로 남짓
이런저런 감회에 하늘 한번 쳐다보니
뭉게구름 야속하게 휴전선 넘어가네
여울살 명당자리 돌덩이로 축을 쌓아
수경(水鏡) 끼고 정성스레 어항단지 묻어두고

호두나무 그늘 밑 식구 모두 둘러앉아
정성 담긴 김치, 산나물, 도토리묵 안주 삼아

물고기 튀김, 수제비 매운탕에 동동주 한 사발 걸치니
삼복더위 심신 피로 한순간 날려버리네
너도나도 흡족하여 콧노래 흥얼흥얼…

2007. 7. 17. 처남 내외와 한탄강 천렵하면서

붙들이 누님

언니 넷 여의고 살아만 달라
지어진 이름, 붙들이 누님
보릿고개 힘든 세상 고이 귀히 자라서
부지런함 애성 바름 부모 사랑 듬뿍 받고
총명함 옥구슬 목소리 인근 동네 소문났네

넉두산 아홉살재 굽이굽이 넘고 넘어
사과 · 수박 소문난 옹전마을 시집갔구려
들일 집안일 모두모두 누님 차지
시조부 시부모 효성 극진 모시고
별난 지아비 구박 않고, 지조 · 인내 견딘 님
어린 자식 등에 업고 새참 광주리 머리 이고
넉두산 비탈길 바람같이 날아다닌 님
그 자손들 그 공 알고 반뜻 성실 살아가네

굽은 허리 뒷짐 짚고, 사과포대 머리 이고
꿈에 그린 친정길 대금애들 내달음 칠 때
어매 손 부여잡고 정지바닥 주저앉아
동동주 큰 사발 단숨에 들이키니
시집살이 고생살이 눈녹 듯 사라지네

저승사자 왔건만 두려움 없는 붙들이 누님
좋은 세상 뒤로하고, 어찌 그리 빨리 가셨소
모진 인생 힘든 삶 억울하지도 않았소
금지옥엽 귀한 자식 걸리지도 않았소
최고 자랑 동생들 밟히지도 않았소

고난 세월 뒤로하고 오순도순 모두 모여
노래하고 춤추며 정다웁게 살고팠소
갚을 기회 주지 않고 머나먼 저승길
홀로 외로이 가셨구려
오호라 슬프고 애달프구나

이런저런 맺힌 한 저승에서 다 풀고
아들, 딸, 형제, 자매, 무탈 번성 빌어 주고
새 희망 새 꿈 안고 지금 당장 환생하여
못다 한 인생길 아기자기 함께 하시길
이 동생들 두 손 모아 천지신명께 기도드립니다

2005. 8. 7. 항상 누님과 함께하는 동생 일동

손자

으 ~ 앙 손자가 태어났다
열 달 가까이 어둠 속에 웅크리다가
신 세상 보려고 새 생명 태어났네

눈뜨려고 오만상 찌푸려보고
무슨 말 하고픈지 입 모양 오물오물
손발은 옴지락 꼼지락 신기도 하구나

생명의 신비함 혈맥의 이어짐
이 기쁨, 이 환희 그 어디 비기랴
하나님의 축복이요 가문의 보배로다
무럭무럭 자라서 나라 기둥 되어 주길…

2007. 12. 11. 산본 제일병원에서 현우 태어나던 날

천하절경 장가계(張家界)

천길 협곡 백장협
비취빛 보봉호수
수려 고봉 어우러져
나그네 마음 유혹하네
여기가 현세(現世)인가
상상(想像)의 세계인가
운무(雲霧)에 휘감긴 기암 봉우리
태고의 신비 품은 울창한 계곡
숨소리 멈춰지고 황홀감 넘치네
어디로 가야 하나 갈 곳을 더듬으니
억겁 풍상 이겨낸 석봉(石峰) 청솔나무
고고함 간직한 채 저리 가라 손짓하네
가히 신선들도 미혹될 천하절경이로구나

2008. 9. 27. 중국 장가계 여행에서

끝없는 들판

상강(湘江), 자강(自江), 원강(沅江) …
굽이굽이 젖줄 되어 호남(湖南) 들판 적시고
전국시대(戰國時代) 영웅호걸 천하 패권 격전지
유비현덕, 관우, 장비… 호령소리 들리듯
띄엄띄엄 촌락, 가도 가도 끝없는 평원
한식경 눈 붙이고 목을 빼고 내다봐도
보이는 건 비옥하고 나즈막 언덕뿐일세
언제쯤 산이 보일까
아 ~ 아 정말 대륙(大陸)이로구나
이런 땅 한 덩이만 갖고 있었으면…

2008. 9. 26. 중국 호남성 성도 장사에서 장가계 이동 시

성난 파도

지중해, 아라비아해…
아득히 펼쳐지는 은빛 모래 물결
오아시스 그늘 아래 작열하는 태양
정열이 불타고 낭만이 넘쳐나는 곳

벙어리 노예 되어 기나긴 터널이여
이제나 저제나 고대하던 광명의 불빛이여
어디선가 불어오는 갈망의 부르짖음
아득히 모래언덕 넘어 무지갯빛 찬란하니
숨소리 멈춰지고 가슴은 터질듯
이제야 이루었구나 모래바람의 위대함이여

아무리 몸부림쳐도 막을 수 없네
도도하게 흐르는 분노의 저 물결
바다는 배를 띄우기도 하더니
성난 파도 되어 뒤집기도 하네
아 ~ 아 부질없는 위정자들이여…

2011. 2. 27. 튀니지, 이집트, 리비아 민주혁명을 보며

인생 승리

베풀자! 베풀자! 미련 없이 베풀자!
인생살이 유수(流水)같이 덧없이 흘러가는 것
우물쭈물 지난 세월 어느덧 60여 년
빈손으로 왔다가 빈손으로 가는 인생
없다고 슬퍼 말고 있다고 자랑 말자

죽음 앞에 남는 건 부자도 아니요 명예도 아니로다
아옹다옹하지 말고 니 것 내 것 구분 말고
힘든 주변 돌봐가며 정다웁게 살아갈 때
그대가 진정 인생 승리자가 되리라

2007. 8. 12. 새벽기도 다녀와서

웃음

하-하-하 웃음소리 화평이 넘치는 소리
만면에 미소 머금고 여유롭게 살다 보면
외롭고 힘들어도 두려움 사라지네
부드러운 눈빛, 유머까지 곁들이면
온 세상 싱글벙글 웃음꽃 활짝 피네
태양님도 덩달아 밝은 빛 비추이니
뒤뜰 '쿵' 하고 복덩어리 덩굴 째 굴러 오네

2007. 8. 19. 새벽기도 다녀와서

불무리 맹호 연대장님

푸른 제복 어언 40여 년
산 넘고 물 건너 이 계곡 저 고지
쉼 없이 달렸구려

군데군데 험한 시련 부부일심(夫婦一心) 헤쳐 내고
빛나고 영광스런 3성 장군 되셨구려
장하고 자랑스럽다! 불무리 맹호 연대장님!

지난날 양주(楊洲) 벌판
불무리 지휘봉 높이 들고
"공격 나는 전투 중에 있다" 외치며
담대함으로 진두지휘 하신 님

불의불행(不義不行) 멀리하고
진실(眞實) · 수범(垂範) 앞세우던 님
야외훈련 취약시간 불시순찰
간담 서늘케 하신 님
강자존(强者尊) 역설하며
테니스 승리 독려하신 님
아 ~ 아 그때는 미처 몰랐소
우리들의 길잡이요 양식이 된 것을
많은 것 배웠소 영원히 간직하리다

관동팔경 충용 부대장이여
금수강산 천하절경
철통같이 지켜주고

승승장구 최고 올라
한 서린 철책선 하루속히 걷어내고
조국통일 선봉장 되어
백두대간 이어 주소서

2004. 10. 1. 불무리 맹호부대 대대장 및 가족 일동

적오 한마음 축제

하늘에 뭉게구름 여기저기 떠다니고
들녘 저편 아지랑이 아른아른
벚꽃, 목련꽃, 향기 그윽 내뿜고
복숭아꽃, 살구꽃 故鄕 향취 더해주니
넓디넓은 적오동산(赤鰲童山)
풍요로움 넘쳐나네

적오산 높새바람 부드럽게 스쳐 가면
젊은이 늙은이 모두모두 가슴 설레고
사슴 떼 평화로이 다정다감 풀 뜯으니
원시의 모습이요 자연의 신비로다
울긋불긋 아낙네들 잔치준비 분주할 때
아이들 덩달아 신나서 뛰어노네

둥 – 둥 – 둥! 어디서 들려오는
북소린가! 함성인가!
적오동산 처음 울리는 화합(和合)의 북소리요
새 출발의 함성이 아닌가
가슴 뭉클, 용기 듬뿍, 새 기운 용솟음치네
이기(利己), 분열(分裂) 멀리하고
한마음 뭉쳐보세

"적오산 아래 새바람 어얼쑤" 동동주 잔
높이 들고 부딪치며 다짐하네
"군수인(軍需人) 화이팅" "군수요랑(軍需搖籃) 화이팅"

불굴의 군수인들이여 손에 손 마주 잡고
한마음 한뜻 되어 학교 사랑 자기혁신
쉼 없이 이룩하여 적오동산 빛내주고
무운장구(武運長久) 하소서!

2005. 5. 육군종합군수학교 한마음축제를 마치고

불무리 맹호 전우

"공격 나는 전투 중에 있다"
구두 끈 졸라매고 완전군장 등에 지고
산 넘고 물 건너 우거진 수풀 헤치고
밤낮 가릴 없이 하염없이 걸어가네
땀방울 흘러 흘러 온몸 적시고
다리는 후들후들 천근만근 무거워지는데
지휘봉 높이 들고 "공격, 공격, 계속 공격하라"
"불무리 맹호 전우 승리뿐이다"

무쇠도 녹인다는 삼복더위 진지공사장
신분 직위 벗어놓고 폐 작업복 걸쳐 입고
삽 · 괭이 흙 파고, 곡괭이로 바위 뜯으니
이 고지 저 능선 벌집처럼 이어지네
아 ~ 아 인간이 어찌 이렇게 할 수 있을까?

하 ~ 하 ~ 하! 고생 많았소! 수고 많았소!
동동주 잔 기울이며 너털웃음 웃으니

지난 고통 힘든 일 눈 녹듯 사라지네
피와 땀으로 맺어진 불무리 맹호 전우여
그 시절 그 마음 고이고이 간직하여
힘든 세상 어려운 일 함께 헤쳐나가세

2007. 4. 28. 불무리 맹호 연대장 공관(현 군수사령관 공관)에서

허무

바람은 쓸쓸하고 낙엽은 우수수
내 마음 갈 곳 없어 강가에 앉으니
지나온 반평생 무상하기 그지없네
강물도 내 마음 알고 소리 죽여 흘러가네

1999. 10. 10. 진급 발표 후

큰 머슴

먼동이 트는구나
여명이 밝아 오는구나
윗도리 걸치고 신발 끈 다잡으며
오늘은 울릉도 내일은 제주도…
하늘길 바닷길 문지방 넘나듯 내달으니
조선팔도 구석구석 도리 뱅뱅 따로 없네
집안일 뒤로하고 저리도 열정 솟으니
모두 다 감동 먹고 고개가 숙여지네

지난날 사분오열 강함으로 봉합하고
지휘봉 높이 들고 일념으로 진두지휘하니
흩어졌던 옛 친구들 여기저기 몰려들어
너도나도 얼싸안고 웃음꽃 활짝 피네

갈구하는 저 눈동자
끝없는 정열, 무한의 희생정신
오뚜기들은 알고 있소 그대의 노고를
큰 머슴! 고생했소! 그리고 힘드셨소!
우리는 그대를 영원히 기억할 것이요

2008. 9. 21. 10여 년간 8기생을 이끌어온 이상휴 회장을 생각하며

문학세계대표작가선 622

내 고향 산수유골에서

노성형 시집

인쇄 1판 1쇄 2011년 3월 25일
발행 1판 1쇄 2011년 3월 31일

지 은 이 : 노성형
펴 낸 이 : 金天雨
펴 낸 곳 : (주)천우미디어그룹/도서출판 天雨
등 록 : 1992. 2. 15. 제1-1307호
주 소 : 서울시 성동구 하왕십리동 966-23 금룡B/D 2F
전 화 : 02)2298-7661
팩 스 : 02)2298-7665
http://www.moonhaknet.com
E-mail : ing@moonhaknet.com

값 8,000원

ISBN 978-89-7954-470-1